229.

RÉVOLUTION ET RÉPUBLIQUE.

PAR

CHARLES RAYBAUD.

Bien taillé, mon fils, mais il faut coudre.
(Catherine de Médicis à Henri III.)

Prix : 75 cent.

Paris.

CHEZ L'ÉDITEUR, RUE GRAMMONT N° 27,
ET CHEZ LES PRINCIPAUX LIBRAIRES.

Avril 1848

REVOLUTION ET REPUBLIQUE.

I.

La facilité merveilleuse avec laquelle la République a été acceptée a surpris beaucoup de monde et jeté dans certaines âmes des appréhensions et des défiances sur la sincérité de cette générale adhésion. Ceux qui s'étonnent comme ceux qui s'inquiètent et s'alarment ont méconnu l'irrésistible force des choses. La transition de la monarchie à la république s'est accomplie et devait s'accomplir sans l'ombre même d'une protestation. Je dirai pourquoi.

Paris a eu une fois encore l'honneur de la révolution. Depuis soixante ans, l'initiative appartient à la capitale, et jamais son action souveraine sur les départements ne s'est manifestée avec autant d'éclat qu'aujourd'hui : elle a eu le poids de la lutte, à elle les honneurs de la victoire. Organisé de longue main pour la crise de la transition, Paris avait son but, qu'il voulait atteindre. Majorité ou minorité, les hommes résolus qui composaient l'ancien parti républicain n'entendaient désarmer qu'avec ce prix du combat, la République. Leur menaçante attitude a suffi pour faire crouler la régence, et la République a été acceptée par tous, ou comme le meilleur et le plus désirable des gouvernements, ou comme le seul gouvernement possible.

La situation des départements était toute différente. Dans deux ou trois à peine, le parti républicain était médiocrement organisé ; dans quelques uns, il avait des chefs et pas d'armée ; dans d'autres, des soldats et pas de chefs ; dans le plus grand nombre, la République n'existait qu'à l'état d'utopie.

Cependant, sur un signe du télégraphe, sans que Paris ait envoyé encore un homme, une missive écrite, la République a été proclamée dans tous les départements sans exception, et proclamée par qui ? Par les préfets du dernier régime, par les maires du dernier régime, par les chefs bourgeois et conservateurs de l'ancienne garde nationale !

Qu'est-ce à dire ? Est-ce que les fonctionnaires de la monarchie se jetaient aux genoux du soleil levant ? est-ce que, dans leurs bas calculs, ils comptaient racheter leurs places au prix d'une hâtive palinodie ? Ne calomnions pas la nature humaine, ne calomnions pas le sens commun. Les fonctionnaires de la monarchie savaient que leur temps était passé. Mais, en présence du grand et irrésistible événement qui s'accomplissait, ils avaient un devoir à remplir, et ils l'ont rempli. La monarchie était irrévocablement perdue ; il fallait sauvegarder les grands intérêts sociaux que toute révolution met momentanément en péril. C'était leur tâche, et le concours de tous les bons citoyens la leur a rendue facile.

Voilà pourquoi, d'un bout de la France à l'autre, la République a éclaté comme une traînée de poudre, sans collision, sans désordre grave, sans l'apparence même d'une contestation. Tout le monde s'y est employé, ceux-ci avec une une résignation sincère, ceux-là avec une sincère ardeur.

Pourquoi la monarchie a-t-elle été si complétement désertée ? pourquoi n'a-t-elle pas même laissé après elle un de ces stériles dévoûments qui honorent les causes vaincues ? C'est que la monarchie, après 1830, n'avait, même pour ses plus fervents adhérents, qu'une raison d'être, et que cette raison n'existait plus. On l'avait acceptée ou subie, selon les tempéramments, comme une inébranlable garantie d'ordre et de stabilité : elle n'avait donné ni ordre ni stabilité. Etait-ce sa faute ? Avait-elle mal gouverné ? D'autres hommes, un autre système, eussent-ils abrité le trône contre la tempête populaire ? Questions oiseuses, que le pays repousse du pied, car elles ont vieilli d'un siècle en un mois, et qui ne sont bonnes aujourd'hui qu'à amuser les loisirs forcés de quelque parlementaire encore abasourdi de sa chute.

II.

Tel était au 25 février l'aspect de la France. La monarchie avait disparu, condamnée par tous, soit comme impuissante, soit comme un mal et une honte. La République, provisoirement déclarée à l'Hôtel-de-Ville, était acceptée par tous comme une nécessité ou comme un bienfait. C'est là, à mes yeux, un fait incontestable, et qu'on ne saurait nier sans mauvaise foi. Je mets les alarmistes les plus déterminés au défi de me trouver un homme qui préfère la forme monarchique à la forme républicaine, par fantaisie de goût et pour se donner le plaisir d'avoir un roi. On demandait à la monarchie l'ordre et la stabilité, et pour obtenir d'elle ces biens, qu'elle n'a pu donner, chacun des membres du souverain se résignait à retrancher quelque chose de ses droits et à souffrir, dans la hiérarchie politique, une inégalité choquante. Que la République donne l'ordre, qu'elle donne la stabilité, et il n'est pas un citoyen qui ne soit heureux et fier de vivre sous un gouvernement qui maintient et consacre dans leur entier les droits de tous, et qui satisfait pleinement la dignité humaine en effaçant toutes les inégalités politiques.

J'ai dit les sentiments du pays, en face de la République

proclamée à l'Hôtel-de-Ville. Voyons quelle a été jusqu'à ce jour l'action du Gouvernement provisoire.

Honneur d'abord aux hommes d'élite qui ont accepté le périlleux mandat décerné par le peuple. Si, dans ces mille décrets qui ont vu le jour depuis un mois, il y a quelque chose à reprendre, un bien immense a été fait; et ce sera leur titre éternel à la reconnaissance publique d'avoir fait tête aux effrayantes difficultés du moment, et d'avoir, en tout et partout, tenu une conduite profondément honnête. Les dissentiments qui ont dû forcément se produire dans une réunion d'hommes dont l'éducation politique était dissemblable, n'ont pas éclaté au dehors, et se sont résolus, par de mutuelles concessions. Honneur à eux d'avoir préparé l'ordre et l'ensemble dans le pays par l'ordre et l'ensemble qui ont régné dans les délibérations du Gouvernement!

Je n'examinerai ici que la question politique, la question de gouvernement. Je laisse à d'autres la question sociale, plus grosse peut-être et plus hérissée d'écueils. Sur ce point, je me borne à dire qu'il me paraît qu'avec d'excellentes intentions on est entré dans la voie qui égare, et non dans la voie qui mène au but. Je désire me tromper, et j'applaudirai du plus profond de mon cœur au succès de toute expérience qui démentirait les prévisions de la science économique. Mais, en vérité, j'espère bien peu, si on ne se résigne à rebrousser chemin.

Je reviens à la politique et à l'action personnelle qu'exercent sur le pays les membres du Gouvernement provisoire. Il y a des choses qui sautent aux yeux et qu'il ne faut ni nier ni dissimuler. Les opinions qui se produisent autour du tapis vert de l'Hôtel-de-Ville ne sont pas et ne peuvent être homogènes. Tous les membres du Gouvernement ne sont pas même *des républicains de la veille*, et ceux qui, voulant également la République, n'étaient pas d'accord la veille sur son mode d'établissement ne peuvent être tombés d'accord le lendemain. Je ne me plains nullement de cette diversité de tendances et d'opinions. Le peuple, qui fait bien tout ce qu'il fait de lui-même, a admirablement combiné, dans des proportions rigoureusement justes, les éléments divers et non contraires qui se rencontrent dans le pays, et il leur a donné place à tous dans son Gouvernement provisoire.

III.

Si la très grande majorité de ce conseil suprême n'était pas pénétrée de l'idée républicaine, j'aurais une certaine peur, je l'avoue, des fautes que pourrait entraîner l'inexpérience de quelques uns, en matière de gouvernement démocratique. Quand on transforme un pays de monarchie en république, ce qui importe, avant tout, c'est de rendre la transformation durable, et de prévenir par une radicale application des principes toute nouvelle occasion d'ébranlement. C'est ainsi qu'on clot d'une manière définitive la période révolutionnaire qu'il faut traverser. On peut, on doit ménager les personnes; on ne peut pas, on ne doit pas ménager les choses. Aux yeux de tous et dans le cœur de tous, le provisoire proclamé le 25 février est bien définitif. Il n'y a plus à revenir sur la République, et l'unanisme sanction de l'Assemblée nationale n'aura qu'à consacrer le fait accompli par la volonté souveraine du peuple. Agissons donc dès à présent comme si l'Assemblée était déjà en fonctions, et ne laissons croire à personne que, par une transaction insensée avec le passé, on pourrait vouloir fonder en France une République *entourée d'institutions monarchiques.* Une telle anomalie offusquerait bientôt tous les yeux, et elle rendrait les mécomptes plus sensibles, au jour où il faudrait bien la faire disparaître.

Ces observations me sont suggérées par certains actes du Gouvernement qui tiennent chaque jour une place énorme dans le *Moniteur*, et dont il importe que le public apprécie le véritable caractère. Je veux parler de ces destitutions et de ces nominations en masse dans l'ordre judiciaire. Il semblerait que les beaux jours de 1830 soient revenus pour la curée des places, tant on se rue avec emportement sur les emplois de la magistrature amovible. Pas un de ces tenaces solliciteurs n'a l'air de se douter que ces fonctions tant recherchées n'appartiennent désormais ni à ceux qui les donnent, ni à ceux qui les obtiennent ; que toute justice émane du peuple, et que le peuple doit nommer ceux qui rendent la justice en son nom. C'est le plus élémentaire des principes du gouvernement démocratique, et il est si incontestable que la constitution semi-monarchique de 91 elle-même l'a proclamé et appliqué dans toute sa rigueur.

Je sais bien qu'il faut pourvoir aux vacances, et que, dans le régime provisoire que nous traversons, le gouvernement ne doit pas empiéter sur l'œuvre réformatrice de l'Assemblée nationale : je sais encore que les fonctions du parquet, qu'on remanie d'un bout de la France à l'autre, doivent être mises en mains sûres, et que c'est la raison qu'on donne à toutes ces brutales exécutions qui semblent ne jamais devoir finir. Mais je ferai observer que, s'il était nécessaire de pourvoir aux besoins de la justice, il n'y avait pas nécessité absolue de briser des existences qui ne devaient plus avoir qu'une durée éphémère, et de faire un abattis de fonctionnaires presque tous infiniment plus capables que ceux qui les remplacent. Il n'y avait pas nécessité surtout de souffler à cette nuée d'avocats plus ou moins occupés qui couvrent aujourd'hui tous les parquets de la République de leurs robes noires et rouges, des espérances décevantes qui doivent s'évanouir à l'arrivée du gouvernement démocratique. Quant à l'intérêt politique

qu'on invoque, quant à cette raison que l'influence républicaine doit être vigoureusement introduite dans les fonctions
du ministère public, je me permettrai de dire que si peu que
je connaisse le personnel des nouveaux magistrats du parquet,
j'en sais assez pour demeurer convaincu que la plupart d'entre eux, et les plus éminents, ne sont que des Républicains
du lendemain. Eh! mon Dieu, M. le ministre de la justice
lui-même aurait-il la prétention d'être autre chose? La pa-
triotique ardeur avec laquelle il a embrassé la cause du peuple
aurait-elle effacé de sa mémoire ses précédents les plus rap-
prochés de nous, et faudrait-il que son collègue, M. Garnier-
Pagès, le fît souvenir que bien peu de jours avant la révolution de février, pendant que M. Crémieux proclamait à la
tribune que le souverain *c'était le pouvoir législatif*, le dépu-
té de Verneuil le rappelait à la vérité du principe démocratique et lui criait de son banc à plusieurs reprises : *Le souverain, c'est le peuple.*

En fait de républicains du lendemain, il me semble que la
préférence devait être donnée aux plus capables, et qu'il n'é-
tait pas bon de mettre en éveil les plus grossiers appétits,
devant cette proie éphémère des places de la magistrature
que l'Assemblée nationale va refondre dans une organisation
toute nouvelle. Sauf quelques rares exceptions que comman-
dait, je l'avoue, non la nécessité, mais la bienséance politique, les titulaires de ces fonctions pouvaient et devaient être
maintenus provisoirement : la République n'eût pas souffert
le moins du monde, si de modestes magistrats, qui ne s'é-
taient nullement mêlés à la politique active, eussent provisoirement continué à requérir au nom du peuple, et la mo-
ralité publique eût certainement gagné quelque chose dans la
suppression du spectacle de toutes ces ambitions avides et
quêteuses, et de ces actes du pouvoir que la bonne intention

ne sauve pas des apparences de la faiblesse irréfléchie et du favoritisme.

Ce que je dis des tribunaux, je puis le dire du conseil d'é-tat. On a fait aussi, dans le conseil d'état, un certain nombre d'exécutions : pourquoi celles-là et non pas d'autres? Je défie qu'on le dise. Il n'y avait pas, dans le Conseil, de républi-cains de la veille, et je doute fort qu'à l'exception de l'illus-tre président qu'on lui a donné, le Gouvernement provisoire ait introduit au palais du quai d'Orsay un seul nouveau mem-bre dont le républicanisme ait une date antérieure au 24 fé-vrier. A quoi bon alors remanier le Conseil? Est-ce qu'il doit durer? Est-ce qu'on ne pouvait pas laisser à l'Assemblée na-tionale, qui doit balayer les institutions monarchiques, le soin d'emporter les hommes avec les choses?

Je désire me tromper, mais je suis porté à croire que quel-ques membres du Gouvernement provisoire n'entrevoyaient pas bien nettement les nécessités d'un établissement républi-cain. L'ardeur avec laquelle M. le ministre de la justice dé-fendait naguère contre son collègue de l'intérieur les droits inhérents à l'inamovibilité des juges me met, sur ce point, en singulière défiance. Est-ce que M. Crémieux pourrait met-tre un instant en doute que toutes les inamovibilités sont sup-primées avec l'inamovibilité royale? Je ne veux pas traiter en ce moment la question des pouvoirs conférés aux commis-saires des départements, mais j'affirme, comme un fait hors de contestation, que le Gouvernement provisoire a le droit de suspendre, de révoquer, non seulement tel ou tel magis-trat, mais tous les magistrats, mais toutes les cours et tous les tribunaux de la République. Ce droit, il le tient du peu-ple, qui, en le nommant, lui a conféré des pouvoirs illimités, révolutionnaires. Dès le moment où la magistrature ferait obstacle à l'établissement républicain, son devoir serait de la briser. Rien heureusement n'oblige à cette mesure extrême. Le droit repose comme une épée au fourreau : je m'en félicite pour mon compte, et si je blâme les décrets qui ont mis les magistrats du parquet en coupe réglée, ce n'est pas assurément pour en venir à critiquer les égards qu'on accorde à la magistrature assise. Mais ce qu'il faut dire très haut, ce que le gouvernement n'a pas assez dit, ce qu'il faut bien que tout le monde sache, c'est que la magistrature assise ou debout n'a qu'une existence provisoire, c'est que ceux qui jugent au nom du peuple doivent être et seront élus par le peuple : c'est que, dans la division des pouvoirs au point de vue d'un état normal républicain, les agents du pouvoir exécutif sont seuls nommés par le pouvoir exécutif, et que c'est de la grande source de l'élection immédiate ou médiate que doivent sortir tous les agents investis du pouvoir législatif ou judiciaire. Tout replâtrage qu'on voudrait essayer, en dehors de ce principe des institutions démocratiques, serait une œuvre absurde et insensée. Les vestiges monarchiques qui se trahiraient encore dans notre organisation républicaine seraient promptement emportés par un nouvel ouragan populaire qui laisserait au pays tout entier la charge de déblayer à grands frais de nouveaux débris.

IV.

J'ai dit quels inconvénients pouvait entraîner la méconnaissance de la règle républicaine. Sans mettre un instant en doute la loyauté des intentions, j'ai expliqué comment il fallait se garder contre certaines tendances qui prendraient les mots pour les choses, et réduiraient la grande et radicale révolution accomplie par le peuple aux mesquines proportions d'un changement de personnes, donnant à la vanité nationale la creuse satisfaction de phrases sonores, et s'efforçant de construire l'édifice républicain avec les matériaux usés de la monarchie. Il y aurait danger, grand danger à se tenir en deçà de la République, mais le danger ne serait pas moindre, si on allait au delà de l'idée républicaine si heureusement acceptée par la France entière. Il ne faut pas plus continuer la Convention que la monarchie.

Je ne m'effraye pas des mots : nos bons et paisibles concitoyens auront beau jeter les hauts cris quand on leur parle de *Gouvernement révolutionnaire*, de *pouvoirs révolutionnaires*, de *mesures révolutionnaires*, leur stupeur ébahie ne fera pas que nous ne soyons en pleine révolution. Il n'y a rien en ce moment, en France, de régulier et de normal. La monarchie a disparu, nous n'avons pas encore l'ombre d'une institution républicaine : nous avons un frontispice décoré du nom de République, voilà tout. Ce qui gouverne, c'est la force! une force qui n'appartient pas toute à ceux qui sont chargés du poids de nos destinées, mais qu'ils ont jusqu'à ce jour suffisamment maîtrisée pour nous donner l'ordre compatible avec la situation. Cette force est intelligente, elle est honnête; c'est presque la justice, car elle a le pur sentiment du patriotisme et l'instinct du droit; mais, qu'on l'accepte au fond du cœur ou qu'on la repousse, il faut la subir : nous sommes en révolution.

Acceptons donc le Gouvernement révolutionnaire et remercions Dieu qui a permis qu'il tombât en de prudentes et honnêtes mains. La difficile période qu'il nous faut traverser jusqu'au moment où l'Assemblée nationale organisera notre République se passera sans encombre, j'en ai la ferme assurance, si l'ascendant du Gouvernement provisoire se maintient jusqu'au bout. De quoi nous plaindrions nous? n'avons-nous pas dans leur large expansion toutes les libertés publiques, la liberté de la presse, la liberté individuelle, la liberté des cultes, la liberté de réunion et d'association? Que m'importe, et que vous importe que ces droits essentiels ne soient pas garantis par la loi générale, si vous les exercez pleinement, et si la loyauté de ceux qui gouvernent vous est un gage certain qu'ils ne vous seront pas ravis !

Mais si nous sommes en révolution, si nous vivons sous un gouvernement révolutionnaire, si ce gouvernement use avec un intelligent libéralisme de la dictature que le peuple lui a conférée, il n'en est pas moins certain que cet état provisoire ne peut se prolonger sans péril et que les efforts de tous doivent tendre à en abréger la durée et à conquérir au plutôt les bienfaits d'une situation normale.

Est-il vrai qu'au sein même du Gouvernement provisoire il se rencontre des hommes qui n'admettent pas cette nécessité, et qui voudraient reculer le plus possible l'échéance de leur mandat dictatorial ? On l'a dit, je ne le crois pas; rien dans les actes qui leur sont propres ne justifie suffisamment cette imputation, et dans un temps aussi plein de mouvement que le nôtre je fais bon marché des intentions que les actes ne manifestent pas.

Mais il est incontestable, d'une part, qu'en dehors du gouvernement, une opinion puissante, et qui a donné à son vœu une expression formidable, s'est prononcée pour l'ajournement indéfini des élections générales, c'est-à-dire pour le maintien du provisoire qui nous régit; d'autre part, que certains actes émanés d'un département ministériel, s'ils ne tendent pas à prolonger la durée de la dictature, tendent jusqu'à un certain point à en accroître l'intensité.

Je le dis sans nulle intention de blesser des amours-propres ou de mettre en doute la sincérité des convictions, il y a dans cette double manière d'envisager les nécessités du moment un véritable anachronisme. On ne peut que s'égarer sur les traces de la Convention : rien ne doit renaître de ce qui a été. Notre période révolutionnaire doit rester modérée ; elle doit avoir pour limite la durée du temps strictement nécessaire à la fondation de l'ère républicaine.

V.

Qu'on veuille bien relire la grande et sombre histoire de la Convention ; qu'on se replace, par la pensée, au milieu de ces luttes désespérés que soutenait une poignée d'hommes contre l'Europe entière, contre les nobles, contre les prêtres, contre le fédéralisme, contre la moitié de la France ! Forts de leur indomptable patriotisme, ces hommes ont tout sacrifié à cette nécessité du salut public, leur suprême loi, tout jusqu'à la justice, jusqu'aux sentiments de leur propre cœur, jusqu'à leur mémoire. Il n'y avait plus en eux rien d'humain, qu'une fiévreuse haine de l'étranger et du régime qu'ils avaient renversé, qu'un dévorant amour de la patrie. Quel temps aussi, quelles œuvres et quels instruments ! Comme ils ont su répandre sur la nation tout entière l'enthousiasme qui les embrasait ! comme en frappant du pied le sol de notre généreuse France ils en ont fait sortir des soldats, des trésors et des armes ! comme ils ont décrété la victoire ! comme aux chants de la *Masrseillaise* ils entraînaient nos jeunes volontaires, serrés autour de l'écharpe tricolore du représentant du peuple, contre les vieilles bandes du grand Frédéric, contre les phalanges du duc d'York ! comme ils ont nettoyé nos frontières de toutes ces hordes d'*esclaves*, qui nous cernaient depuis les Pyrénées jusqu'à Lille ! comme ils ont lestement chassé l'Anglais de Toulon ! comme ils ont su mettre à la raison Pitt et Cobourg !

Pour accomplir ces œuvres de géants il fallait un pouvoir

immense, illimité, formidable. Ils l'ont pris. Il ont mis la ter-
reur à l'ordre du jour, ils ont confisqué la république qu'ils
venaient de décréter, ils ont organisé le *gouvenement révolutionnaire.*

Quand on se remet, de sang-froid, à l'étude de cette im-
mortelle époque, on demeure confondu de l'audace et de la
profondeur des conceptions qui ont servi de bases au gouvernement révolutionnaire. Lisez les rapports de Saint-Just, de
Billaud-Varennes, de Barrère, de Robespierre; dégagez de
l'emphase du temps, qui n'était pas de la déclamation perdue,
la froide et terrible pensée qui se produit à chaque ligne, et
vous verrez comme le plan est simple, hardi, efficace; comme
tous les éléments en sont habilement combinés; comme l'action est une et les moyens multiples; comme tout part des
grands comités de la convention, et comme tout y aboutit!
Quelle puissante centralisation! des comités révolutionnaires
institués dans toutes les communes, voilà l'œil des comités de
sûreté générale et de salut public de la Convention; le tribu-
nal révolutionnaire, voilà le bras! Là on cherche des conspirations, ici on les punit. Quelles conspirations, grand Dieu!
femmes, enfants, vieillards, la trombe révolutionnaire em-
porte tout. Noble ou prêtre, parent d'émigré, ami ou servi-
teur d'émigré, homme de finance, homme de robe, législa-
teur, genéral d'armée, tout ce qui tient par un lien quelcon-
que à quelque chose du dernier régime, tout ce qui a un moment élevé la tête au dessus du niveau commun, tout cela est
suspect, et ce qui est suspect est coupable. Il s'élève encore
aujourd'hui comme une vapeur de sang de cette funèbre époque, que l'humanité a condamnée, mais que la politique hé-
site à juger. Ce qu'il faut dire à l'excuse des grands acteurs
de ce drame sinistre, qui ne demandent pas qu'on les excuse,
c'est qu'ils avaient pour leur propre vie ce suprème dédain
qu'ils affichaient pour l'inviolabilité de la vie des autres, et

qu'à chaque pas qu'on fait dans ces péripéties de 15 mois, on trébuche contre la tête d'un des meneurs de la Convention.

Plus d'un demi-siècle nous sépare de la dictature conventionnelle, et, grâce à Dieu, cette longue période écoulée à travers tous les régimes a été féconde en enseignements et en progrès. A mesure que les classes les moins favorisées de la fortune s'élevaient à l'intelligence de leurs droits et de leur dignité, le sentiment de l'égalité pénétrait dans l'âme des anciens privilégiés, et la loi, ferme et souveraine, rectifiait, par son action de jour en jour plus sensible, les prétentions surannées de l'habitude et des mœurs. A l'heure où notre révolution définitive a éclaté, il ne restait de l'ancienne et de la nouvelle noblesse qu'un peu de vanité inoffensive et ridicule, et si la foi religieuse, cet éternel besoin de l'âme, avait toujours ses ministres, on a vu avec quel ardeur, avec quelle bonne foi non suspecte, l'universalité des prêtres, dégagés désormais des préoccupations terrestres qui obscurcissaient leur jugement en 93 avait accepté la République, qui prend sa base sur la liberté, l'égalité et la fraternité chrétiennes.

Que l'on veuille bien comparer l'époque présente aux temps de la Convention, et l'on verra si les moyens de gouvernement qui furent alors invoqués comme une nécessité de salut public ne seraient pas un abominable contre-sens, appliqués à notre société actuelle. La France est en paix avec l'Europe entière, qui nous craint ou nous envie et qui nous respecte. A l'intérieur, tout est calme et pacifique, sauf cette émotion de la liberté qui s'épanche cependant avec sagesse et discrétion, nous en avons journellement à Paris l'éclatante preuve.

Les deux ou trois gouvernements déchus ont-ils encore quelques partisans? Je l'ignore; mais, à coup sûr, en face d'un fait aussi définitivement accompli, le culte posthume qu'ils auraient voué à la monarchie serait purement contemplatif. Il n'y a plus de parti possible en France pour la monarchie , et trouvât-on une poignée d'insensés pour la proclamer, je défie qu'on trouve un être assez mal avisé pour accepter le titre et le métier de roi. Il ne faut plus dire aujourd'hui *Les rois s'en vont :* les rois sont partis. Les alarmes qu'on a essayé de répandre dans la population, au sujet de prétentions légitimistes, me paraissent de tous points invraisemblables et ridicules. Le gouvernement provisoire ne croit certainement pas lui-même à un danger monarchique, car, si la lutte avec les factions était à craindre, il n'eût pas désarmé le peuple par l'immortel décret qui abolit la peine de mort.

VI.

Ainsi la situation n'admet pas les moyens de gouvernement qu'a employés la Convention. Mais dans quelles limites l'action révolutionnaire doit-elle être maintenue? Qu'on me permette ici d'emprunter quelques unes de ses théories au plus énergique logicien de la Convention elle-même. Le lecteur trouvera aisément les applications qu'il en faut faire. Voici comment s'expliquait Maximilien Robespierre dans un rapport *sur les principes du gouvernement révolutionnaire,* présenté le 5 nivôse an II :

« Le but du gouvernement constitutionnel est de conserver
» la République , celui du gouvernement révolutionnaire est
» de la fonder.

» La révolution est la guerre de la liberté contre ses enne-
» mis, la Constitution est le régime de la liberté victorieuse et
» paisible.

» Le gouvernement révolutionnaire a besoin d'une activité
» extraordinaire, précisément parce qu'il est en guerre. Il est

» soumis à des règles moins uniformes et moins rigoureuses,
» parce que les circonstances où il se trouve sont orageuses et
» mobiles, et surtout parce qu'il est forcé à déployer sans
» cesse des ressources nouvelles et rapides pour des dangers
» nouveaux et pressants.

» Le gouvernement constitutionnel s'occupe principale-
» ment de la liberté civile, et le gouvernement révolution-
» naire de la liberté publique. Sous le régime constitution-
» nel, il suffit presque de protéger les individus contre l'abus
» de la puissance publique : sous le régime révolutionnaire,
» la puissance publique elle-même est obligée de se défendre
» contre toutes les factions qui l'attaquent.

» Le gouvernement révolutionnaire doit aux bons citoyens
» toute la protection nationale : il ne doit aux ennemis du
» peuple que la mort.....

.... » Il (le gouvernement revolutionnaire) a aussi ses
» règles, toutes puisées dans la justice et dans l'ordre public.
» Il n'a rien de commun avec l'anarchie ni avec le désordre ;
» son but, au contraire, est de les réprimer pour ramener et
» pour affermir le règne des lois ; il n'a rien de commun
» avec l'arbitraire. Ce ne sont point les passions particulières
» qui doivent le diriger, mais l'intérêt public.

» Il doit se rapprocher des principes ordinaires dans tous
» les cas où ils peuvent être rigoureusement appliqués sans
» compromettre la liberté publique. La mesure de sa force
» doit être l'audace ou la perfidie des conspirateurs ; plus il
» il est terrible anx méchants, plus il est favorable aux
» bons ; plus les circonstances lui imposent des rigueurs né-
» cessaires, plus il doit s'abstenir des mesures qui gênent
» inutilement la liberté, et qui blessent les intérêts privés
» sans aucun avantage public.

» Il doit voguer entre deux écueils, la faiblesse et la témé-
» rité, le modérantisme et l'excès ; le modérantisme qui est à

» la modération ce que l'impuissance est à la chasteté, et l'ex-
» cès qui ressemble à l'énergie comme l'hydropisie à la santé.

» Les tyrans ont inutilement cherché à nous faire reculer
» vers la servitude par les routes du modérantisme, quelque-
» fois aussi ils ont voulu nous jeter dans l'extrémité opposée.

» Les deux extrêmes aboutissent au même point. Que l'on
» soit en deçà ou au delà du but, le but est également man-
» qué. Rien ne ressemble plus à l'apôtre du fédéralisme que
» le prédicateur intempestif de la République une et univer-
» selle. L'ami des rois et le procureur général du genre hu-
» main s'entendent assez bien. Le fanatique couvert de sca-
» pulaires et le fanatique qui prêche l'athéisme ont entre eux
» beaucoup de rapports. Les barons démocrates sont les frè-
» res des marquis de Coblentz, et quelquefois les bonnets
» rouges sont plus voisins des talons rouges qu'on ne pourrait
» le penser... »

Je borne là cette citation que, la précision et la vigueur de
sa forme antithétique recommanderait seule à la curieuse at-
tention des esprits littéraires, mais qui a une valeur bien autre
au point de vue sérieux des conditions et des principes qui
doivent régler l'exercice des pouvoirs dictatoriaux. Je laisse
de côté l'intention de Robespierre. Son argumentation à double tranchant frappait Anacharsis Clootz et Thomas Payne, et
elle demeurait suspendue comme une menace sur la tête
d'Hébert et de Chaumette, aussi bien que sur la tête de
Danton et de Camille Desmoulins : mais ce n'est pas là ce
qui importe. En citant ces fragments de rapport, j'ai voulu
faire voir dans quelle juste mesure l'action révolutionnaire
devait être contenue, et comment l'homme d'état de la Convention comprenait qu'elle devait se régler sur les circonstances, s'exalter ou se modérer, selon les nécessités du salut
public.

VII.

La dictature du Gouvernement provisoire n'a qu'une seule raison d'être. La République est proclamée, acceptée, et nous n'avons pas de constitution républicaine. Il y a un défilé difficile à traverser, non que le pays soit disposé à manquer aux lois, mais parce que les lois manquent au pays. La monarchie a emporté ses institutions avec elle : la République n'a pas encore donné les siennes. N'est-il pas clair que le premier devoir du Gouvernement provisoire est d'abréger le plus possible la transition, et de hâter l'heure où des pouvoirs régulièrement constitués pourvoiront la France de la constitution républicaine dont elle a besoin ? Le grand danger du moment, c'est l'incertitude : il y aurait crime à la prolonger sads une nécessité absolue ; j'entends par ce mot, non pas une prétendue nécessité politique, mais une nécessité matérielle pleinement démontrée. On ne demande au Gouvernement provisoire que ce qu'il est en sa puissance de faire.

Je suis suffisamment rassuré de ce côté, bien qu'un récent decret ait retardé de deux semaines les élections générales : en ajournant l'époque où doit parler la grande voix du pays, le Gouvernement a cédé non à des faits d'intimidation extérieure, non à un vague désir de perpétuer le pouvoir dictatorial en ses mains, mais à l'empire de la nécessité la plus évidente. Il n'a reculé que devant l'impossibilité, et il n'a concédé aux circonstances que ce qu'il n'était pas permis de leur refuser. Oui, j'en ai la conviction, les chefs de notre Gouvernement ont hâte de se décharger de l'immense fardeau que leur patriotisme a accepté, et qui ferait plier les plus fermes épaules. J'en crois leurs paroles, j'en crois leur actes, l'Assemblée nationale ne sera jamais assez vite réunie, au gré de leurs vœux.

Je n'ai donc pas à me préoccuper d'une question qui a été diversement envisagée par les clubs, et qui a jeté une certaine agitation dans la population parisienne ; mais, ce point écarté, il me reste à rechercher si l'usage qu'a fait le Gouvernement de son omnipotence a été, en toute occasion, intelligent et modéré, si des traditions qui n'ont avec le temps présent nulle analogie ne l'ont pas égaré, et s'il n'a pas quelquefois trop ouvert la main à l'arbitraire,

Il faut juger d'une manière très large les décrets du Gouvernement provisoire. Il n'y a ni justice ni patriotisme à envisager ces actes en eux-mêmes, en les séparant de l'urgence qui les a dictés et du but qu'ils se proposent. S'instituer gouvernement de sa propre autorité, entasser plans sur plans, idées sur idées, plans mal cousus, idées pillées à droite et à gauche, puis élever autel contre autel, battre en brèche avec des contre-projets les actes du vrai Gouvernement, c'est l'œuvre stérile et sotte d'un esprit chimérique, ce n'est pas l'œuvre d'un esprit sensé et d'un bon citoyen.

En ces temps d'agitation et de faciles alarmes, il vaut mieux risquer d'approuver ce qui est défectueux que de jeter mal à propos le blâme sur une œuvre utile. Le Gouvernement est en lutte avec des embarras de tous les instants : embarras commerciaux, embarras industriels, embarras financiers, embarras administratifs, embarras de place publique, il lui faut des solutions à la minute, et nous devons lui savoir gré de ne s'être pas plus souvent trompé. Sachons lui gré surtout si, à l'aide d'expédients mêmes provisoires, il a paré à la difficulté du moment.

J'approuve donc, dans leur généralité absolue, les décrets du gouvernement et les actes qu'il a accomplis ou autorisés. J'approuve ses mesures financières et commerciales, bien que je n'aie personnellement aucun goût pour l'intervention de l'état dans les transactions privées, et que ma ferme intention soit de consacrer tout ce que j'ai de temps et de force à défendre les droits de l'intelligence et de l'activité individuelle, les droits de la liberté de chacun contre les envahissements de l'état. J'approuve cependant de tout mon cœur ce qui a été fait, notamment en matière de banques et de comptoirs d'escompte, par cette raison très simple qu'il n'y avait pas moyen de faire autrement, et que les actes du Gouvernement ont préservé jusqu'ici notre pays d'une effroyable crise. C'est du Gouvernement révolutionnaire bien entendu, ce sont des mesures de salut public habiles et intelligentes. Dans cette voie, je ne me formalise de rien, pas même de l'arrêté de M. Emmanuel Arago qui élève à 1 fr., pour le département du Rhône, le nouvel impôt foncier. Est-ce que le premier devoir du commissaire du gouvernement à Lyon n'était pas de rendre la sécurité à cette populeuse métropole, et les propriétaires anxquels on a réclamé un sacrifice d'argent n'avaient-ils pas plus que tous les autres intérêt à donner du pain à ces masses d'ouvriers que les circonstances avaient privé de travail?

VIII.

J'ai parlé d'un commissaire du gouvernement; je m'expliquerai avec franchise sur le fait général des nominations de commissaires et sur [la circulaire de **M.** le ministre de l'intérieur, dont on a fait grand bruit. Il y a deux choses à considérer : les choix et les pouvoirs. Si les choix étaient partout bons, si nulle part ils ne donnaient prise à un juste blâme, les pouvoirs, même illimités, ne seraient pas dangereux. Ils sont dans le droit révolutionnaire du gouvernement, ils seraient également dans les convenances de sa politique, car on en ferait, en tous lieux, un modéré et intelligent usage. Il faut démocratiser la France, soit; il ne faut pas la bouleverser. Nous avons une révolution non à faire, mais à clore par une bonne et éternelle République. C'est la pensée et la volonté de

M. Ledru-Rollin. Est-ce partout la pensée et la volonté de ses agents? Les troubles que, sur plusieurs points, leur présence a suscités, n'indiquent-ils pas suffisamment que sa religion n'a pas toujours été bien éclairée, et que ses choix, un peu trop hâtifs et de hasard, ne sont pas partout tombés sur l'homme grave et considéré qui rallie dans un même sentiment tous les citoyens, et fait bénir un gouvernement nouveau par ceux-là même auxquels il impose des sacrifices. Les erreurs étaient inévitables, je le sais; mais puisqu'on devait se tromper, et qu'on le savait, n'était-il pas prudent de limiter des pouvoirs dont les commissaires pouvaient faire abus, et d'éviter ainsi ces conflits d'attributions proconsulaires qui, sur plusieurs points, ont failli mettre la population aux prises?

Je sais quelle immense responsabilité pèse sur **M**. le ministre de l'intérieur, chargé du poids sérieux de la politique; je comprends quelles difficultés ont dû l'assaillir, quand, pris au dépourvu au milieu d'une nuée de candidats, il a dû s'efforcer de mettre d'accord ce qu'il devait de condescendance aux hommes de son opinion, aux républicains de la veille, et ce qu'exigeaient de capacité spéciale les fonctions qu'il avait à distribuer. Ce que je lui reproche, ce n'est pas de s'être trompé dans quelques choix, c'est de n'avoir pas eu, dans le peuple des départements, assez de confiance pour leur laisser faire eux-même leurs propres affaires, et acclamer leurs administrateurs, comme a fait le peuple de Paris pour le Gouvernement de la France. La puissance centrale de Paris avait été constatée avec trop d'éclat, pour qu'il y eût le moindre danger à donner aux départements un peu d'air et de vie. La Convention n'agissait pas ainsi, je le sais, mais il était si facile et si beau de faire voir au monde entier combien le vœu de la France était unanime, et je m'étonne que l'idée ne soit pas venue à **M**. Ledru-Rollin de faire du gouvernement révolutionnaire autrement que la Convention.

Le grief que j'énonce s'adresse plus aux circonstances qu'à l'intelligence droite et pratique de M. Ledru-Rollin, qui paraît d'ailleurs avoir fait preuve, dans le Conseil du gouvernement, d'un rare esprit de conciliation et de sagesse. Quoi qu'il en soit, et alors même qu'il se produirait, dans le sein du Conseil, quelques velléités d'imitation de 93, je suis certain que la majorité, fidèle à ses vieilles convictions, ne se laissera pas distraire du but qu'elle a mission d'atteindre, et qu'elle préparera la France à l'organisation républicaine que va lui donner l'Assemblée nationale.

Je ne veux pas traiter ici les nombreuses et difficiles questions que l'Assemblée nationale aura à résoudre, cet examen, même rapide, exigerait trop de temps et de place : j'y reviendrai. Une seule observation cependant. La légende de la République est triple : *Liberté*, *Egalité*, *Fraternité*. Qu'on prenne garde de rien sacrifier de cette triple devise. Dans certaines réunions d'apparat où se prononcent de fort beaux discours, que le *Moniteur* nous fait connaître, la *Liberté* fait triste figure, immolée qu'elle est à d'excessifs besoins d'*Egalité* dt de *Fraternité*. Est-ce qu'on ne saint pas qu'une République sans *Liberté* est le pire des absolutismes?

CHARLES REYBAUD.

Imprimerie de Guiraudet et Jouaust, 315, rue Saint-Honoré.

www.ingramcontent.com/pod-product-compliance
Lightning Source LLC
Chambersburg PA
CBHW061711050726
47598CB00004B/1777